DU DÉLAI

DES

DISTANCES

DANS

LES PROCÉDURES

CONTRE LES COMPAGNIES DE CHEMINS DE FER

PAR

Mᵉ H. PAULIN

AVOCAT A NARBONNE

NARBONNE

Imprimerie Bousquet, rue Entre-deux-Villes.

1881

DU DÉLAI

DES

DISTANCES

DANS

LES PROCÉDURES

CONTRE LES COMPAGNIES DE CHEMINS DE FER

PAR

Mᵉ H. PAULIN

AVOCAT A NARBONNE

NARBONNE

Imprimerie Bousquet, rue Entre-deux-Villes.

1881

C'est surtout dans les affaires litigieuses que le commerce a
besoin d'agir promptement; son temps est précieux; il n'a pas
le loisir de suivre de longues procédures qui gênent la comp-
tabilité et entretiennent des irrégularités dans les inventaires.

La rapidité des solutions, la simplification des procédures
sont, le plus souvent, en matière commerciale, tout le secret
du succès.

Toute réforme est utile quand elle porte sur des usages qui
consacrent une inutile perte de temps, quand elle s'appuie sur
le texte de la loi, sur les monuments de la jurisprudence. Il
n'est jamais inopportun d'agiter les questions qui intéressent
le commerce, cet élément si puissant de notre richesse natio-
nale ; il n'est jamais indifférent de les résoudre au plus tôt.

De toutes les luttes que le commerce a à soutenir, aucune
ne présente plus d'intérêt que celle dans laquelle il est engagé
depuis si longtemps pour sa défense quotidienne contre le
monopole des grandes Compagnies de chemins de fer ; il n'en
est aucune qui affecte un caractère de multiplicité et de variété
aussi remarquable.

Ce n'est pas sans peine que la jurisprudence parvient à se
fixer en matière de chemins de fer; les Compagnies sont
puissantes, elles n'abandonnent pas aisément la lutte qui leur
est facile, car elles possèdent le nerf de la guerre, grâce à

l'argent des actionnaires, ce levier si puissant, malgré ce principe que la justice est gratuite en France.

De tout temps les Compagnies ont montré une tendance constante à centraliser leurs litiges à Paris, sous prétexte qu'elles y ont leur domicile social. Or, cette centralisation des litiges aurait abouti à leur suppression presque absolue ; c'eût été l'impunité assurée aux Compagnies, la consécration de leur irresponsabilité, la ruine du commerce.

Les tribunaux voulant concilier les principes juridiques avec la protection due aux divers intérêts engagés, ont résisté à leurs prétentions. La puissance déjà si grande des Compagnies dégénérerait en oppression si ces Compagnies qui peuvent, à chaque instant, blesser les intérêts privés dans toute la France pouvaient réunir sur un point unique la discussion de ces intérêts, et imposer aux tiers des déplacements et des pertes de temps considérables. C'est dans un intérêt d'équilibre social, que la jurisprudence a décentralisé les juridictions, avec toutes les conséquences de cette décentralisation.

Les innombrables arrêts rendus par diverses Cours, et notamment par la Cour de Cassation, témoignent de la persévérance des Compagnies ; ils sont la plus éloquente réfutation du système en vertu duquel la décentralisation des litiges serait due à une tolérance des Compagnies plutôt qu'à de sérieux motifs juridiques. Les Compagnies ne font pas de concessions, et ce n'est qu'après une lutte remontant à la création des chemins de fer, et qui, pendant un demi-siècle, ne s'est jamais ralentie malgré la résistance constante des tribunaux et des Cours, que nous avons vu consacrer enfin cette jurisprudence qui attribue compétence (*ratione loci*) aux tribunaux dans le ressort desquels les Compagnies possèdent des gares importantes.

Or, les nombreux arrêts qui constituent cette jurisprudence sont tous basés sur cet unique motif juridique que les Compagnies de chemins de fer ont un *domicile légal* partout où elles possèdent une gare suffisamment importante pour que cette gare puisse être considérée comme une succursale de la Compagnie, comme un véritable établissement de transport, traitant avec le public, et pouvant vivre d'une vie indépendante, dans les limites de son exploitation.

Les Compagnies ont fini par s'incliner devant la jurisprudence de la Cour suprême ; elles ont renoncé à se pourvoir, sur le motif tiré de l'incompétence territoriale, contre les décisions des tribunaux et des Cours de province ; mais la Compagnie du Midi prétend encore apporter des restrictions à cette jurisprudence constante ; elle cherche à maintenir le principe d'un domicile unique au lieu de son siège social, et elle en déduit des conséquences qui, si elles étaient sanctionnées par les tribunaux, compromettraient gravement les intérêts du commerce de province.

La question qui se pose entre la Compagnie du Midi et le commerce est la suivante : Les tiers qui assignent la Compagnie du Midi, dans la personne de ses chefs de gare, devant les tribunaux de commerce des arrondissements où elles sont situées, sont ils tenus d'observer les délais des distances entre le lieu où siège le tribunal, et Paris où est établi le siège social de la Compagnie du Midi ?

Malgré l'usage établi à Narbonne, nous prétendons qu'il n'y a pas lieu d'observer ces délais, que c'est là une perte de temps inutile et sans profit pour personne.

Au point de vue de la place de Narbonne, à une distance légale de *huit cents kilomètres* de Paris, on voit tout de suite l'importance que présente, pour le commerce local, la solution de cette question qui ne tend à rien moins qu'à abréger de *seize jours*, au minimum, les procédures contre la Compagnie du Midi.

Etant donné, par exemple, que le tribunal de commerce de Narbonne tient ses audiences le samedi, prenons une citation remise à la Compagnie le jeudi premier septembre. Si la Compagnie est soumise au droit commun, si elle ne bénéficie pas d'une faveur exceptionnelle, l'affaire, portée à l'audience du 3 septembre, pourra, dans le cas d'urgence, recevoir une solution à cette audience même, c'est-à-dire le surlendemain de la citation ; si elle peut supporter un renvoi, elle sera fixée à une audience ultérieure. Mais si, d'après le système actuel, on ajouté au délai franc les seize jours du délai calculé à raison des distances, soit dix-sept jours francs, l'affaire ne pourra être plaidée avant le 18 septembre, et elle ne viendra en réalité qu'à l'audience du samedi 24. Et le 24, elle ne sera pas plaidée ; à l'appel de la cause le mandataire de la Compagnie demandera le renvoi à quinzaine pour en référer à la Compagnie ; celle-ci lui répondra alors, au moyen d'un imprimé, qu'elle prend bonne note et qu'elle fera ultérieurement connaître ses instructions. C'est alors seulement que la Compagnie commencera à s'en préoccuper et songera à faire parvenir pièces et instructions. Le demandeur sera fort heureux s'il obtient une solution au bout de trente-huit ou quarante-cinq jours. Il sera encore fort heureux si ces délais ne sont pas doublés ou triplés par des appels en garantie qui viennent éterniser les procédures.

L'énormité de cette perte de temps sera d'autant plus sensible que la gare d'arrivée sera plus rapprochée de la gare expéditrice où s'est formé le contrat. Supposons, en effet, un contrat ayant pour objet le transport d'une marchandise ou d'un voyageur sur un parcours de quelques kilomètres seulement, par exemple de Coursan à Narbonne. En observant le délai des distances, nous arrivons à ce résultat fantastique : Dix minutes de trajet, et dix-neuf jours pour engager l'instance, un mois ou deux pour la terminer ; sept kilomètres à parcourir en dix minutes pour exécuter le contrat, et huit cents kilomètres en seize jours de voyage pour envoyer à Paris une citation que personne ne lira, et qui, trois semaines plus tard, vierge d'observation, sera renvoyée au chef de gare de Narbonne, avec mission de transiger, si faire se peut, ou de plaider, dans le cas contraire.

Et, dès lors, à quoi aura servi ce temps perdu, puisque, pendant ce délai de faveur, l'affaire aura dormi, enfouie dans les cartons, d'où elle n'aura été exhumée que sur l'avis de l'appel à l'audience, ainsi que le démontre l'envoi de l'imprimé ? Ce temps perdu n'aura pu être utile qu'à la Compagnie, en fatiguant les demandeurs et en les prédisposant, pour d'autres circonstances, à s'incliner devant des transactions qui n'auront d'autre base que le caprice des Compagnies.

Or, il est facile de démontrer, par des arguments juridiques, que ce délai n'a aucune raison d'être, que la citation doit être portée à l'audience du tribunal consulaire après un jour franc, que l'affaire, en cas d'urgence, doit y être vidée sans renvoi, ou être fixée à une audience ultérieure, suivant les cas.

Nous ne prétendons pas demander, dans toutes les espèces, des solutions aussi rapides, nous voulons bien les réserver pour les affaires urgentes, mais on nous accordera bien aussi que les affaires sont souvent urgentes en matière de transport. Lorsqu'il s'agira de marchandises s'altérant facilement, d'un négociant dont les bagages auront été endommagés, d'un voyageur de commerce dont les échantillons auront été avariés, en vérité, ne sera-ce pas une amère dérision que de leur répondre : laissez là vos marchandises, vos bagages, vos échantillons ; laissez vos affaires en souffrance, votre clientèle sera visitée par vos concurrents, et dans un mois ou 45 jours nous verrons s'il y a lieu de vous accorder 25 ou 50 francs d'indemnité pour le préjudice dont vous demandez réparation !

N'est-il pas évident que des affaires présentant un tel caractère d'urgence doivent recevoir une solution à la première audience qui suit la citation ? Que les chefs de gare, seuls représentants de la Compagnie quand il s'agit d'opérer des transports, auxquels elle reconnaît des pouvoirs suffisants pour réaliser des bénéfices, en traitant avec les tiers, et aussi pour transiger et compromettre sur les affaires litigieuses, ne doivent pas cesser d'être ses représentants et se dérober au public, quand il faut discuter en justice sur l'exécution des obligations contractées ? Que, si la Compagnie n'est pas toujours en mesure de se défendre, comme elle est toujours en mesure de bénéficier, elle ne doit s'en prendre qu'à elle-même de n'avoir pas conféré d'avance à ses représentants les instructions et les pouvoirs suffisants pour la défense de ses intérêts.

Mais nous n'avons pas à rechercher quelle est l'étendue des pouvoirs dont la Compagnie a bien voulu rendre dépositaires ses chefs de gare ; il nous suffit de connaître les droits que leur confèrent, et les devoirs que leur imposent la loi et la jurisprudence, à l'égard du public.

La question qui nous occupe mérite d'être examinée à divers points de vue. Nous aurons à nous demander : 1º Si le *domicile commercial* de la Compagnie du Midi est à Paris, lieu de son siége social ; 2º Où est ce *domicile*, s'il n'est pas à Paris ; 3º Si une Société peut avoir *plusieurs domiciles* ; 4º En quelle qualité agit un chef de gare ; s'il est un simple mandataire, ou s'il *représente* réellement l'être moral qui s'appelle la Compagnie ; 5º Si, en admettant qu'une Compagnie de chemins de fer ne pût avoir qu'un unique *domicile légal*, on ne devrait pas, tout au moins, considérer ses diverses gares comme des *domiciles d'élection*.

Si nous parvenons à démontrer que la Compagnie du Midi a un domicile légal dans la gare de Narbonne, nous aurons le droit d'en tirer cette conclusion : que l'art. 1033 est inapplicable.

I.

La Compagnie du Midi a-t-elle un domicile à Paris, lieu de son siège social ? A-t-elle à Paris un domicile légal, également obligatoire pour tous ?

Nous répondons : oui, la Compagnie a un domicile à Paris ; ce domicile est celui qu'elle s'est donné par ses statuts : il est obligatoire pour ses associés, pour ses actionnaires, pour ceux qui ont concouru à ses statuts, car ce sont les associés, les actionnaires eux-mêmes, qui, en réunissant leurs capitaux, ont concouru à la création de cet être moral, la Compagnie ; car ils sont eux-mêmes la Compagnie, et ils ont librement choisi ce domicile, avec attribution de juridiction ; et ils avaient parfaitement le droit de se soumettre à la compétence des tribunaux de leur choix, le droit d'élire un domicile.

Et ce qui prouve surabondamment que Paris n'est pas un domicile réel pour la Compagnie du Midi, c'est la clause du cahier des charges qui l'oblige à faire dans cette ville, *élection de domicile*.

Mais nous répondons énergiquement : Non, la Compagnie du Midi n'a pas de domicile à Paris, pour les tiers qui traitent avec elle, pour le public qui n'a pas concouru à l'élection de ce domicile, qui n'a pas ratifié cette élection, qui n'a pas consenti à se soumettre à une juridiction exceptionnelle, qui reste et se maintient dans le droit commun, et qui ne reconnaît d'autre domicile que celui qui résulte des termes de la loi. Or, aux termes de l'art. 102, C. N., « *le domicile est au* « *lieu où se trouve le principal établissement.* »

Nous avons donc le droit de dire que, pour le public, Paris n'est pas le domicile légal de la Compagnie du Midi, car aucun de ses réseaux n'y aboutit, elle n'y possède aucun de ses établissements de transport, aucun siège de l'exploitation qui est son but et sa raison d'être ; a fortiori, elle n'y possède pas *le principal établissement* qui, aux termes de l'art. 102, est constitutif du domicile ; elle n'y est donc pas domiciliée légalement. Et parce qu'il a plu à ses hauts dignitaires de choisir Paris pour leur résidence, il ne s'en suit pas que la Compagnie ait pu éluder ainsi l'art. 102, C. N., le dénaturer à son profit, s'attribuer même par une faveur spéciale qui n'est écrite dans aucun texte, la faculté de le supprimer purement et simplement, et de n'avoir d'autre domicile légal que celui qui dépendrait de son caprice ou de son libre arbitre.

Ce serait une singulière façon d'interpréter un texte de loi que de le rendre ainsi facultatif. Quelle que soit la puissance d'une société, son domicile, comme celui de tous les citoyens, doit rester là où il est de par la loi, et il ne saurait lui être loisible de le déplacer arbitrairement. Comprendrait-on, en effet, qu'un négociant ou un industriel dont la maison de commerce ou les usines seraient situées à Marseille ou Bordeaux, prétendît avoir son domicile légal à Paris ou à Lille, et attirer ainsi ses litiges d'une extrémité à l'autre de la France ? Tout au plus pourrait-il y acquérir un domicile personnel, mais son domicile commercial ne saurait être ailleurs que là où est situé son établissement commercial. « V. arrêt de la

Cour de cassation du 21 février 1849; D. P. 49, 1, 263 : « attendu
« que la question à juger était de savoir où la Compagnie
« anonyme du chemin de fer de Cette à Montpellier avait son
« *domicile* légal; attendu que ce n'est pas la déclaration faite
« par les statuts pour Paris à l'égard des associés, mais bien
« son *principal établissement* qui constituait ce domicile à
« l'égard des tiers; attendu que, d'après les faits de la cause,
« l'arrêt attaqué a constaté que le principal établissement de la
« Compagnie était à Montpellier, et qu'en effet, c'est là qu'elle
« avait le centre de ses affaires commerciales, et qu'en l'ayant
« ainsi jugé, l'arrêt attaqué n'a violé aucune loi ; — Rejette. »
« V. aussi arrêt de Cassation du 26 novembre 1849, D. P. 50,
« 1, 59: « attendu en droit que le principal établissement d'une
« Société d'assurances est au lieu où elle a établi une succur-
« sale..... etc.. Rejette. »

Et en cela on ne peut qu'applaudir à la prévoyance du
législateur qui a voulu sauvegarder les intérêts de tous les
justiciables, en ne permettant pas qu'ils fussent à la merci
d'un riche et puissant adversaire qui ne leur eût laissé d'autre
alternative que de renoncer à faire valoir leurs droits, ou de
se ruiner par des déplacements aussi longs qu'onéreux, et par
des pertes de temps considérables. Voilà ce que le législateur
a voulu éviter, et, pour cela, il a rapproché, autant qu'il l'a
pu, les tribunaux des justiciables ; et, en nous pénétrant de la
pensée qui a inspiré le législateur, nous pouvons dire qu'à
l'époque où il a édicté l'art. 102 (en 1803) il semble avoir prévu
la création de nos puissantes sociétés, et nous pouvons ajouter
que si l'art. 102 n'était pas écrit dans nos codes, il faudrait se
hâter de l'y introduire, ne fût-ce que pour les Compagnies de
chemins de fer. (1)

[1] « Compagnie du Midi C. Lartigue. 11 août 57 C. de Bordeaux D. P. 58, 2,60 2ème espèce.
« — Attendu qu'un citoyen peut avoir à son gré une ou plusieurs résidences qu'il peut pren-
« dre un domicile d'élection, mais que son domicile réel n'est point arbitraire ; qu'il est né-
« cessairement au lieu de son principal établissement ... que c'est là qu'il est censé présent
« pour ceux qui ont des demandes à lui adresser, qu'il lui est loisible de transférer son
« domicile en un autre lieu, mais qu'il ne suffit pas pour cela de sa simple volonté, qu'il faut
« qu'il s'y établisse réellement et que le fait concourre avec l'intention.
« Attendu que cette règle qui découle des art. 102, 103, 104 et 107 C. Nap. s'applique a fortiori
« aux maisons et aux sociétés de commerce ; qu'on ne saurait concevoir leur domicile réel,
« ailleurs que là où est le siège de leur commerce ou de leur industrie, le centre de leurs re-
« lations avec le public; qu'un commerçant qui aurait sa maison de commerce à Bordeaux,
« voudrait en vain fixer son domicile à Paris ou en tout autre lieu; qu'il pourrait tout au
« plus y acquérir un domicile personnel, mais que son domicile commercial serait forcé-
« ment à Bordeaux : attendu ......
« Attendu que l'art. 2 des statuts qui fixe le domicile de la Société à Paris n'est, à l'égard
« des tiers, qu'une déclaration de volonté ou d'intention, déclaration inefficace parce

Si donc, il est vrai que Paris soit un domicile obligatoire pour les actionnaires de la Compagnie du Midi, nous devons chercher, en vertu de l'art. 102, son domicile légal à l'égard des tiers, sur le lieu de son principal établissement, c'est-à-dire sur son réseau.

II.

Où est le domicile commercial de la Compagnie du Midi ?

Le domicile commercial de la Compagnie du Midi est, incontestablement sur son réseau. Mais sur quel point de ce réseau, nous dira-t-on ? Nous n'hésitons pas à répondre : Sur tous les points, partout où la Compagnie sera représentée, sur la ligne de Bordeaux à Cette et ses embranchements.

En effet, un point quelconque d'un réseau, quelque grande que soit son importance, pourra-t-il, à lui seul, constituer le *principal établissement* d'une Compagnie de chemins de fer ? assurément non ; car ces mots *principal établissement* doivent être interprétés en ce sens que cet établissement peut fonctionner seul pour l'exploitation de l'industrie dont il est le centre, qu'il peut se suffire, alors même que, tous les autres établissements étant supprimés, seul il subsisterait ; que dans cet isolement même, l'industrie pourrait s'exercer et vivre, indépendamment de tous les autres établissements. Or, si nous

« qu'elle se trouve en contradiction avec le fait. Que s'il est vrai que le conseil d'administra-
« tion a son siège à Paris, que.... etc ; ceci ne concerne que l'organisation intérieure de la
« Société *dans ses rapports avec les associés ;* que le siège de ses rapports avec les tiers,
« par conséquent *son domicile,* sont nécessairement au lieu où elle exerce son industrie, où
« elle a son principal établissement que le siège de l'administration pourrait être transporté
« à Orléans où ailleurs sans que le domicile réel de la Société fût pour cela changé : attendu
« qu'en admettant que la Cie eût, en vertu de ses statuts, un domicile à Paris, elle en aurait
« forcément un autre à Bordeaux où est le centre de sa vie industrielle ; attendu que le domi-
« cile réel de la Cie étant à Bordeaux, l'assignation a été valablement donnée. Confirme. »

prenons par exemple la gare de Bordeaux, la plus considérable de la ligne du Midi, si nous pratiquons une section à l'entrée de cette gare, l'isolant ainsi du réseau, si nous enserrons dans les limites de cette unique gare la Compagnie du Midi, entreprise de transport, ne l'aurons-nous pas réduite à l'impuissance absolue, n'aurons-nous pas ainsi atteint cet établissement dans son existence même, en supprimant, par celà seul, l'objet de son industrie ? Peut-on, dès lors, soutenir que c'est là un *établissement principal*, celui qui ne peut avoir par lui même aucune existence propre, aucune vie industrielle ou commerciale ? Il est donc vrai de dire que par ces mots *établissement principal*, on doit entendre tout ce qui constitue le siège d'une exploitation, *tout ce qui est indispensable à son fonctionnement*; que, par conséquent, ce qui constitue le *principal établissement* d'une Compagnie de transport par voie ferrée, c'est cette voie ferrée elle-même, ce sont ses constructions, ses ouvrages d'art, ses ponts, ses tunnels, ses chaussées, ses gares, en un mot son réseau tout entier; par cette raison que, isolée des autres parties, aucune des parties de ce réseau ne peut se suffire et fonctionner toute seule, que chaque parcelle est tributaire des autres, qu'elles forment, ensemble, un tout parfaitement homogène et absolument indivisible qui constitue l'établissement de transport, en répondant effectivement au but de sa création.

C'est donc le réseau tout entier qui est le *principal établissement*, partant le domicile commercial de la Compagnie; ce domicile est donc tout entier dans tout le réseau et tout entier dans chacune de ses parties, *totus in toto, et in qualibet parte.*

Concevrait-on qu'un négociant de Bordeaux, assignant la Compagnie du Midi devant le tribunal de cette ville, fût astreint à observer un délai quelconque à raison de la distance qui sépare Bordeaux, domicile incontestable de la Compagnie défenderesse, et Paris qui n'est, à aucun titre, son domicile légal ? Ce serait là évidemment une hérésie, et il faudrait cependant aller jusque-là pour pouvoir admettre le système de la Compagnie. Or, ce qui est vrai pour Bordeaux est vrai pour Narbonne, car Bordeaux, pas plus que Narbonne, ne peut se suffire, car toutes les gares sont tributaires les unes des autres, et la gare de Bordeaux ne réalise pas plus que celle de Narbonne l'établissement principal de la Compagnie du Midi, aux termes et d'après l'esprit de l'art. 102 C. N.

Le domicile commercial de cette Compagnie est donc à Narbonne aussi bien qu'il est à Bordeaux, et s'il est à Narbonne, il n'y a pas de délai de distances.

III.

Une Société peut-elle avoir plusieurs domiciles ?

Si l'on admet, au contraire, que les diverses gares d'un réseau sont indépendantes les unes des autres, et qu'elles peuvent vivre chacune de son existence propre, se suffisant à elle-même, dans les limites de son exploitation, nous aurons à nous demander : 1º Si une société peut avoir plusieurs domiciles ; 2º Quelles gares peuvent constituer des domiciles commerciaux, et 3º enfin, si la gare de Narbonne doit compter au nombre de ces dernières ?

1º et 2º. — La question de pluralité de domiciles a été affirmativement résolue par d'innombrables arrêts rapportés dans les recueils de jurisprudence. Elle résulte du reste irréfutablement des termes de l'art. 42 c. com. 2e alinéa, qui prescrit la remise, la transcription et l'affiche de l'extrait des actes de société au greffe du tribunal de commerce de chacun des arrondissements dans lesquels sont situées les diverses maisons de commerce d'une même société. Il suit de là que le législateur a voulu prévoir la pluralité des établissements de commerce.

Tous ces arrêts, dont la plupart émanent de la Cour de cassation, ont été motivés par la prétention constante des Compagnies à la centralisation de leurs litiges à Paris ; ils ont été tous rendus en matière de compétence territoriale, et la jurisprudence, longtemps indécise, a fini par se fixer sur ce principe de la pluralité de domiciles et par attribuer compétence à de nombreux tribunaux de province. Et il faut remarquer que cette imposante jurisprudence est tout entière basée sur ce motif juridique que : *les Compagnies de chemins de fer ont un domicile commercial partout où elles possèdent des gares suffisamment importantes*, et que la détermination de l'importance des gares est laissée à L'APPRÉCIATION SOUVERAINE des tribunaux (Cass. 17 avril 1866, D. P. 66, 1, 280).

En effet, la règle générale, en matière d'ajournement, veut, aux termes de l'art. 59, pr. c., qu'en matière personnelle, le défendeur soit assigné devant le tribunal de son domicile. Il est vrai que, par dérogation à la règle générale, l'art. 420, pr. c., permet, en matière commerciale, d'assigner devant le tribunal du lieu où le paiement doit être effectué, où devant celui du lieu où la promesse a été faite et la marchandise livrée. Mais c'est là une disposition exceptionnelle, et dans aucun des motifs des arrêts précités ne se trouve visé ce concours des deux circonstances : promesse et livraison dans le même lieu ; en ce qui concerne un voiturier, la promesse se fait au point de départ quand il promet de transporter, et la livraison se fait au point d'arrivée quand il a rempli ses engagements.

On a bien essayé de soutenir et on a même fait juger, autrefois, que le fait de la livraison pouvait s'entendre de l'acte par lequel le transporteur *livre* à ses voitures les objets qu'elles doivent transporter ; mais la fragilité de ce système, abandonné depuis longtemps, nous autorise à le repousser sans discussion et il faut reconnaître que le lieu de la livraison n'est jamais le même que celui de la promesse, en matière de transport.

Quant au lieu du paiement, il varie selon qu'il s'agit d'objets en port dû ou en port payé, ou encore de voyageurs et de bagages dont le transport est payable au départ, et aucun des arrêts précités ne l'a invoqué.

Si donc les Compagnies avaient fait juger qu'elles n'avaient qu'un seul domicile, sur un seul point de leur réseau, le tribunal de ce point unique eût été presque invariablement le seul compétent, aucun autre tribunal ne se trouvant dans un des trois cas prévus par l'art. 420.

C'était bien là, en effet, la prétention des Compagnies; mais les tribunaux et les Cours, et, après eux, la Cour suprême ont posé en principe la pluralité de domiciles pour les sociétés anonymes, aux termes de l'art. 42 c. com., et la jurisprudence s'est enfin définitivement fixée sur cette base juridique que les Compagnies sont LÉGALEMENT DOMICILIÉES dans toutes leurs gares importantes (*succursales*). Cass. 30 décembre 1846 — D. P. 47, 1, 80 ; Cass. 18 avril 1854, — D. P. 54, 1, 149 ; c. de Paris, 22 juin 1855, — D. P. 55, 2, 219 ; Cass. 21 juillet 1856, D. P. 56, 1, 323 ; Cass. 4 mars 1857, — D. P. 57, 1, 124, in-fine, et la note page 124 ; Cass. 30 juin 1858, — D, P, 58, 1, 424, Tr. de Montauban, 11 janvier 1860, — D. P. 62, 2, 34 et la note 2 ; Cass. 7 mai 1862, — D. P. 62, 1, 230 ; C. de Dijon, 20 novembre 1865, — D. P. 65, 2, 228, et la note contenant les observations de M. Lespinasse ; Cass. 17 avril 1866, — D. P. 66, 1, 280, ; Cass. 20 novembre 1867, — D. P. 67, 1, 453 ; C. d'Orléans, 20 novembre 1868, — D. P. 69, 2, 21 ; 19 juin 1867, — D. P. 68, 2, 134 ; Lyon, 29 juillet 1869, — D. P. 70, 2, 72 ; Cass. 19 juin 1876, — D. P. 77, 1, 134.

La Cour de Besançon rendit, le 14 novembre 1873, un arrêt attribuant compétence au tribunal de commerce de cette ville, sur une citation donnée au chef de gare de Gray, pris personnellement pour la Compagnie ; mais la Cour s'étant bornée à constater l'importance de la gare de Gray, sans en tirer la conséquence du domicile en résultant pour la Compagnie, la C. de cass. cassa cet arrêt, *faute de motifs juridiques*, Cass. 15 novembre 1875, — D. P. 76, 1, 321.

D'après ce système, une Compagnie de chemins de fer aurait un domicile commercial dans chacune des gares importantes de son réseau ; l'importance des gares serait déterminée par les tribunaux, dont l'appréciation serait souveraine, Cass. 2 décembre 1857, — D. P. 58, 1, 300 et Cass. 17 avril 1866, — 66, 1, 280 ; elle résulterait de ce qu'une gare constituant un centre principal d'opérations, serait considérée comme une succursale de la Compagnie, comme un *principal établissement*.

3º La gare de Narbonne doit-elle compter au nombre de ces dernières ? Le cas n'est, certes, pas douteux ; cette gare vient en quatrième ligne sur le réseau du Midi, comme importance de tonnage, elle est tête de ligne pour le chemin d'Espagne ;

elle est le point où viennent converger les immenses quantités de vins dont l'arrondissement est le centre de production, pour, de là, se répandre dans le monde entier ; elle est le point de transit pour l'exportation et pour l'importation de notre commerce international avec la péninsule, pour le transport de toute la production vinicole du Roussillon.

La Compagnie a, du reste, reconnu elle-même son importance, en se soumettant chaque jour, sans protestation, et depuis de longues années, à la juridiction des tribunaux de l'arrondissement, en acceptant sans conteste, la compétence de son tribunal consulaire, en plaçant auprès de son chef de gare un avocat et un avoué, spécialement chargés de la défense de ses intérêts judiciaires.

Donc, à ce point de vue, s'il est vrai que les Compagnies ont plusieurs domiciles, que ces domiciles multiples se rencontrent partout où elles possèdent des gares importantes, que celle de Narbonne, est l'une des plus importantes de son réseau, nous devons en conclure que la Compagnie du Midi est domiciliée à Narbonne et comme aucune restriction ne doit être apportée aux conséquences de l'existence légale de ce domicile (C. de Colmar, 30 avril 1863, — D. P. 63, 2, 172), il en résulte cette conséquence essentiellement juridique qu'il n'y a pas lieu d'observer un délai quelconque à raison des distances entre Narbonne et un autre point, quel qu'il soit.

IV.

Un chef de gare est-il un simple mandataire ? Représente-t-il la Compagnie ?

Une Compagnie est un être abstrait, impersonnel, insaisissable ; elle se compose de toutes les personnes qui, dans des proportions différentes, ont contribué, de leurs capitaux, à la formation du capital social. Cet être moral, qui n'existe que par une fiction, doit être représenté, et le nombre de ses représentants est en raison directe du nombre et de l'importance des divers points sur lesquels s'exerce son industrie. Elle est représentée, sur chacun de ces points, par ceux qui y sont placés comme ses directeurs généraux ou particuliers, qui sont investis du pouvoir de traiter avec les tiers, et qui sont les dépositaires de ses droits et de ses devoirs. Ceux-là ne sauraient être considérés comme les mandataires d'une personnalité quelconque, individuelle ou morale ; ils sont les représentants de la Compagnie, c'est-à-dire qu'ils *représentent*, par leur individualité tangible, cet être qui ne saurait être présent parce qu'il n'existe que moralement, ne tombe pas lui-même sous les sens, et qui s'appelle une Société anonyme. Administrativement parlant, ils dépendent de leurs chefs hiérarchiques dont ils reçoivent ses intructions, dont ils suivent la direction, mais ils ne sont pas les représentants de ces chefs administratifs qui, eux-mêmes, sont aussi les représentants de la Compagnie. A des degrés plus ou moins élevés, ils représentent, chacun dans la limite de son exploitation, la Compagnie anonyme ; ils sont eux-mêmes la Compagnie dont tous les droits leur appartiennent, dont tous les devoirs leur incombent ; chacun d'eux est une partie de la Compagnie, et nous pouvons répéter ici ce que nous disions en matière de domicile, que la Compagnie est toute entière dans tous ses représentants réunis, et toute entière aussi dans chacun d'eux. Peut-on désigner sous cette appellation si restreinte de mandataires ceux qui sont, à ce point, la personnification d'une Compagnie ?

Si l'on considère en outre, que la signification d'un jugement faite à un mandataire est nulle, et ne fait pas courir les délais de l'appel (Rennes, 10 juin 1816, J. A., tome page 274 et Colmar, 25 janvier 1818, J. A., tome 21, page 277), que les actes d'exécution, aux termes de l'art. 583 pr. civ., doivent être, à peine de nullité, signifiés à personne ou domicile ; que, aux termes d'un arrêt de cassation du 7 août 1876 (D. P. 77, 1, 80), le chef d'une gare importante a qualité pour répondre aux actes d'exécution (Voir aussi Cour d'Aix, 21 août 1872

(D. P. 72, 2, 182) et que, du reste, les Compagnies de chemins de fer reconnaissent journellement la validité des actes d'exécution signifiés à leurs chefs de gare, on doit conclure qu'un chef de gare n'est pas un simple mandataire, car la signification qui lui serait faite en cette qualité serait entachée de nullité, mais bien qu'il est le représentant de la Compagnie, car les significations qu'il reçoit sont faites en sa personne et en son domicile, à la personne et au domicile de la Compagnie. A cet autre point de vue, le chef de gare de Narbonne *représentant* la Compagnie du Midi, avec *domicile* en gare de Narbonne, il n'y a pas de délai à observer en raison des distances.

V.

Les gares ne sont-elles pas, tout au moins, des
domiciles d'élection ?

Si l'on veut maintenant envisager sous un autre aspect la question qui nous occupe, admettre le système des Compagnies, leur concéder qu'elles n'ont qu'un seul et unique domicile légal ; si l'on veut même, par une faveur toute spéciale, supprimer, pour elles seules, l'art. 102 C. N., et leur attribuer, comme domicile légal, celui de leur siège social, pourra-t-on, du moins, contester qu'elles aient des domiciles d'élection dans leurs principales gares ? Nous ne le pensons pas. Or, les significations faites au domicile élu ne sont pas soumises au délai à raison de la distance qui sépare ce domicile élu du domicile réel ; le domicile élu est un lieu où est toujours réputé présent celui qui l'a choisi, pour ceux qui ont des demandes à lui adresser ; nous arriverons donc au même résultat. « A « mon avis, quiconque s'est soumis à être réputé habitant du « lieu où il a élu un domicile, ne peut réclamer pour tout ce « qui concerne l'objet de cette élection que le délai marqué « par la distance de ce lieu au prétoire des magistrats dont il « a en même temps accepté la juridiction. La *facilité de l'as- « signation, l'accourcissement des délais*, en cas de litige, « formant, le plus souvent, tout l'intérêt de la clause d'élection « de domicile. » (Boncenne, tome 2, page 222).

L'élection de domicile peut être tacite ; elle peut résulter des faits et des circonstances qui sont soumis à l'appréciation souveraine des tribunaux.

La Cour de Lyon a décidé que le fait, par une Compagnie de chemins de fer, d'avoir établi, dans une de ses gares, un bureau pour le service des titres, constituait, de la part de la Compagnie, l'élection de domicile dans cette gare. (C. de Lyon, 29 juillet 1869. D. P. 70, 2, 72.)

L'élection de domicile doit aussi résulter, à notre avis, de l'importance des pouvoirs concentrés dans la personne des représentants établis sur les divers points d'une exploitation, (Cas. 2 décembre 1857. D. P. 58, 1, 300) ; du fait par une Compagnie d'avoir placé sur ces divers points des agents d'un ordre élevé, et de les assister d'officiers ministériels, avoués, avocats, agréés, (C. de Paris, 12 mars 1858. D. P. 58, 2, 131 ; C. de Dijon, 20 novembre 1865. D. P. 65, 2, 228). *Voir les observations de M. Lespinasse, page 228, note.*

Elle doit résulter aussi du fait, par une Compagnie, d'avoir accepté et ratifié, maintes fois, l'attitude prise par un chef de gare qui transige au nom de la Compagnie, qui agit judiciairement, en signifiant des sommations, en sollicitant des expertises et en répondant aux sommations qu'il reçoit, (Cass. 16 janvier 1861. D. P. 61, 1, 126, et 7 août 1876, D. P. 77, 1, 80,) et aussi en donnant, lui-même, des assignations, ce qui est de notoriété publique en ce qui concerne le chef de gare de Narbonne. Et dans ce cas, il y a non seulement élection tacite de domicile, mais il y a, à notre avis, reconnaissance formelle de pouvoirs très étendus réunis entre les mains du chef de gare ; car, on concevrait difficilement que celui qui a qualité pour assigner, pour signifier des sommations et y répondre, n'eût pas qualité pour répondre aux actions concernant l'exploitation dont il est le chef, et dans les limites, tout au moins, de sa direction. Les nombreuses opérations qui s'effectuent dans une gare, la nécessité de solutions promptes et décisives exigent forcément que le chef de gare ait des pouvoirs étendus ; l'absence de ces pouvoirs aurait, pour le public, les plus graves inconvénients dont le moindre serait une perte de temps considérable, ou l'impossibilité d'obtenir justice, dans des cas innombrables qui requièrent célérité, (C. de Colmar, 11 juin 1862. D. P. 63, 2, 121).

D'un arrêt de la Cour d'Orléans, il résulte qu'une gare importante est une vraie succursale dont le directeur *doit être considéré comme ayant les pouvoirs nécessaires pour défendre à* TOUTES LES ACTIONS concernant l'exploitation de cette succursale. (Cour d'Orléans, 19 juin 1867. D. P. 68, 2, 134.) Et la *note 2, page 134*, citant à l'appui de nombreux arrêts, dit : «.... En fait, les Cours impériales considèrent habituel-« lement que les chefs de gare, ayant qualité pour traiter de « toutes les affaires de l'exploitation, ont, en conséquence, « mandat de répondre à toutes contestations, et REPRÉSENTENT « la Compagnie dans toutes les instances se rattachant à l'ex-« ploitation..... »

Peut-être pourra-t-on, dans ce cas, considérer cette élection de domicile comme imposée aux Compagnies par les tribunaux, de même que, dans certains cas, elle est obligatoire d'après un texte de loi ; mais obligatoire ou de fait, elle n'en existe pas moins avec toutes ses conséquences légales, et sans qu'aucune restriction puisse être apportée à ses effets, pas plus en matière de délai de distances qu'en toute autre matière.

Donc, en résumé, à quelque point de vue que l'on se place, que le domicile de la Compagnie du Midi soit indistinctement sur tous les points de son réseau indivisible considéré comme son principal établissement, aux termes de l'art. 102 C. N. ; que, conformément à de nombreux arrêts, on localise ce domicile en admettant le principe de la pluralité ; qu'on se place dans l'hypothèse du domicile légal unique, lequel implique nécessairement l'idée du domicile d'élection ; ou que l'on considère que le chef de gare représente la Compagnie dans les limites de son exploitation, on arrive, dans toutes ces hypothèses, à la même conclusion, à savoir : que la Compagnie du Midi est légalement domiciliée à la gare de Narbonne ; et les Compagnies, ainsi que les particuliers, étant soumises au droit commun, puisqu'il n'existe aucune disposition de procédure y dérogeant en leur faveur, on est forcément amené à cette conclusion que l'art. 1033 est inapplicable, et que, pour assigner la Compagnie du Midi à Narbonne, on n'a d'autre délai à observer que le délai ordinaire d'un jour franc.

C'est là, du reste, ce qui a été décidé, le 3 mai 1871, par un arrêt de la Cour de Rennes, rapporté dans le recueil de Sirey

1871, 2, 93, et dont voici la teneur : « Chemins de fer de
« l'Ouest C. de Saint-Ours. — — La Cour : — Attendu que
« par exploit du 15 mars 1871, de Saint-Ours a fait assigner la
« Compagnie du chemin de fer de l'Ouest, en la personne de
« Richard, son chef de gare à Rennes, à comparaître le sur-
« lendemain 17, devant le tribunal de commerce de cette ville
« pour s'entendre condamner à des réparations civiles et
« dommages-intérêts ; — que cette demande était fondée sur
« le fait non contesté que, le 8 du même mois, de St-Ours avait
« remis à la gare de Paris, à destination de Rennes, une malle
« qui devait l'accompagner dans ce voyage, et qui, à l'arrivée
« dans cette dernière gare, ne peut lui être remise ; — attendu
« que devant le tribunal, la Compagnie a conclu à la nullité de
« l'assignation, par ce double moyen : d'une part, que l'exploit
« introductif d'instance avait été donné à comparaître à un
« jour franc, sans tenir compte du délai des distances entre
« Rennes, siège du tribunal, et Paris, siège de la Compagnie ;
« d'autre part, que les causes de la demande étant étrangères
« aux attributions du chef de gare de Rennes, l'assignation ne
« pouvait lui être donnée, mais aurait dû l'être au directeur
« général, chef de l'administration centrale ; la Compagnie
« concluait subsidiairement à un renvoi à quinzaine pour avoir
« le temps d'instruire son affaire ; attendu que les premiers
« juges, en rejetant les exceptions de nullité relevées contre
« l'assignation, n'ont pas explicitement répondu aux deux
« moyens formulés par la Compagnie, encore bien que leur
« jugement soit fondé dans son dispositif, sur une saine appré-
« ciation des principes et des faits de la cause ; .

« Attendu, en effet, sur le premier moyen de nullité, que les
« Compagnies de chemins de fer sont des sociétés de com-
« merce qui, comme toutes les sociétés, peuvent, indépendam-
« ment de leur siége principal, en posséder plusieurs autres ;
« que le siège social de la Compagnie de l'Ouest, à Paris, n'est
« nullement incompatible avec son établissement social à
« Rennes ; que sa gare, dans cette dernière ville, est une des
« plus importantes de son réseau, un centre principal de ses
« opérations ; que les arrêts de la Cour de céans lui ont attribué
« ce caractère avec les conséquences juridiques que la loi y
« attache quant aux ajournements en justice ; que la **Compagnie**

« elle-même a, maintes fois, reconnu qu'elle pouvait être
« assignée à Rennes, en la personne du chef de gare; qu'il
« résulte de là que la citation donnée à celui-ci n'est pas
« soumise à des délais exceptionnels et qu'il n'y a lieu pour
« régler ces délais, de supputer la distance de Rennes à Paris;
« que, pour qu'il en fût ainsi, il faudrait exciper d'une disposition
« de procédure spécialement applicable aux Compagnies de
« chemins de fer, mais qu'à défaut de dérogation au droit
« commun en leur faveur, elles y demeurent soumises; que
« l'application qui leur est faite de la règle ordinaire en matière
« d'ajournement, peut, à la vérité, offrir parfois des inconvé-
« nients à leur préjudice, et qu'il est peut-être à souhaiter
« qu'une législation plus prévoyante vienne y obvier, sans que
« les tribunaux soient cependant autorisés à la prévenir par
« des mesures exceptionnelles; — qu'ainsi le premier moyen
« de nullité invoqué contre la citation, à raison du prétendu
« délai légal, n'était pas recevable.

« Attendu que le second moyen, sur lequel le jugement
« attaqué est totalement muet, a été tiré de la nature du fait
« qui sert de base à la demande de Saint-Ours; qu'il doit être
« reconnu en raison, comme il l'est en jurisprudence, qu'un
« chef de gare n'a qualité pour représenter une Compagnie en
« justice que relativement aux opérations et transactions qui
« sont afférentes à ses attributions; mais qu'il est, sans con-
« tredit, mandataire de la Compagnie pour les affaires de son
« service; or, dans l'espèce, de Saint-Ours arrivant à la gare
« de Rennes, et porteur de son billet de bagages, devait natu-
« rellement s'adresser au chef de cette gare pour lui réclamer
« ses colis manquants; que ce voyageur ne pouvait savoir en
« quel lieu, ni par suite de quel accident, sa malle se trouvait
« égarée; que la disparition pouvait aussi bien s'être produite
« dans la gare de Rennes, qu'en tout autre endroit de la ligne;
« que c'était le devoir du chef de gare, et le propre de ses
« fonctions de répondre à cette réclamation; que, prétendre,
« comme on l'a fait devant le tribunal de commerce, que les
« causes de la demande de St-Ours sont absolument étrangères
« aux attributions du chef de gare de Rennes, c'est élever,
« contre la plus légitime revendication, la moins acceptable
« des fins de non-recevoir; que c'est, évidemment, pour des cas

« analogues où il s'agit d'ordinaire de quelques centaines de
« francs, que l'intérêt du public exige, sur place, des représen-
« tants légaux et sérieux des Compagnies, sous peine de réduire
« le voyageur à sacrifier son bon droit, en désespoir de le
« faire triompher ; — d'où il suit que le second moyen de
« nullité doit être repoussé comme le premier. En ce qui re-
« garde la demande d'un sursis de quinzaine. . . . . Con-
« firme. »

Nous devons ajouter, en terminant, que, désireux de rensei-
gner exactement le tribunal de commerce de Narbonne, et afin
de ne laisser subsister aucun doute dans l'esprit du lecteur,
nous avons tenu à nous édifier sur les usages suivis dans les
divers tribunaux de commerce. Or, nous sommes nantis d'une
volumineuse correspondance, provenant des personnages les
plus autorisés, établissant que les principes que nous défen-
dons sont généralement suivis par la plupart des tribunaux
consulaires, et que ce mode de procéder ne soulève jamais
aucune objection de la part des Compagnies. Ces attestations
que nous nous ferons un plaisir de communiquer , sont
signées de MM. les présidents et greffiers des tribunaux de
commerce, avocats et agréés, syndics des huissiers de Bordeaux, Toulouse, Marseille, Lyon, Angers, Caen, Tours,
Rouen, Rennes, Dijon, Cette, etc., dont la plupart affirment
que ce point n'a jamais fait question, et tous que l'on a toujours
procédé ainsi devant ces divers tribunaux.

Il résulte de ces documents que, dans toutes ces villes, on
assigne les Compagnies en la personne de leurs chefs de gare,
ou de leurs chefs d'exploitation, A UN JOUR FRANC, ET SANS
AUCUNE AUGMENTATION DE DÉLAIS A RAISON DES DISTANCES ; que
les tribunaux sont seuls juges de l'urgence des solutions,
ainsi que des délais à accorder *gracieusement* aux mandataires des Compagnies pour réunir leurs moyens de défense.

Pourquoi, dès lors, les justiciables de Narbonne seraient-ils
soumis à des rigueurs spéciales, à des pertes de temps préju-
diciables ? A quel titre la Compagnie du Midi prétendrait-elle
critiquer à Narbonne une procédure qu'elle reconnaît légale à

Bordeaux et à Toulouse, puisqu'il est de principe constant, en matière de Chemins de fer, que l'industrie et le commerce ne peuvent en aucun cas être à la merci des Compagnies, lesquelles ne sauraient rester libres de traiter à leur gré avec rigueur ou préférence telle ou telle industrie, telles ou telles localités, dispensant arbitrairement la fortune pour les unes, la ruine pour les autres ?

Au nom des grands intérêts de notre commerce local, nous avons cru devoir saisir de la question le tribunal de commerce de Narbonne ; la Compagnie du Midi a relevé le défi, et nous attendons, plein de confiance, le jugement du tribunal.

Fidèle à son système, la Compagnie n'a pas manqué de manifester, d'avance, le projet de déférer le jugement prévu à la Cour de cassation, cette ULTIMA RATIO à l'usage des Compagnies, cet épouvantail suprême qui, trop souvent, triomphe d'adversaires timides. Mais la question est trop sérieuse pour qu'une menace de ce genre nous réduise au silence; s'il faut aller jusqu'au plus haut degré de juridiction, une voix plus autorisée que la nôtre proclamera les mêmes principes, et nous ne doutons pas que la Cour suprême consacre une jurisprudence qui est la sauvegarde des plus sérieux intérêts de notre commerce de province.

EXTRAIT

de quelques lettres relatives aux usages suivis en matière de délais des distances

Nous n'avons pas l'habitude à Bordeaux, en assignant la Compagnie en la personne de son chef de gare, d'observer d'autres délais que celui de 24 heures ; en un mot nous n'observons jamais aucun délai de distances....

Choucherie, syndic des huissiers, Bordeaux.

Lorsque j'étais agréé, j'ai toujours assigné les Compagnies à leurs gares de Bordeaux, et je ne leur donnais que le délai d'un jour franc ; je ne me rappelle pas que jamais on ait soutenu devant notre tribunal de commerce que les Compagnies avaient droit au délai entre Bordeaux et Paris ; la difficulté ne me paraît pas sérieuse....

Stanislas Levesque, avocat, Bordeaux.

Laissez-moi vous exprimer mon étonnement qu'on ose soutenir la prétention qu'en assignant une Compagnie de chemins de fer dans l'une de ses gares, il faut observer les délais des distances avec Paris... Ici à Toulouse toutes les assignations sont données à la gare à un jour franc, et on a le droit d'obtenir défaut à l'expiration de ce délai si la Compagnie ne défend pas....

Ramoudou, greffier, Toulouse.

Les Compagnies sont toujours assignées ici, en la personne de leurs chefs de gare à un jour franc, sans tenir compte du délai des distances avec Paris... Je puis vous affirmer que jamais à Toulouse, ni la Compagnie du Midi, ni celle d'Orléans n'ont jamais protesté....

F. Martin, ancien juge au tribunal de commerce de Toulouse.

En assignant une Compagnie à une de ses gares, on l'assigne à son domicile ; il n'y a donc pas de délai de distances à observer...

Gavoy, avocat, Toulouse.

On peut assigner une Compagnie partout où elle possède un établissement principal par citation donnée à ses représentants dans ses gares, et sans observer le délai des distances...

Gruesse, avocat, Toulouse.

La question est aujourd'hui résolue ; une Compagnie de chemins de fer a son domicile dans toutes ses gares importantes, elle y est valablement assignée... ; il n'est donc pas nécessaire d'augmenter les délais à raison des distances...

Royère, avocat agréé, Toulouse.

Vous n'avez aucun délai à observer autre que le délai ordinaire d'un jour franc..

Périssé, avocat agréé, Toulouse.

La jurisprudence est unanime sur ce point qu'il n'y a aucune difficulté à assigner les Compagnies dans leurs gares à un jour franc ; au surplus les Compagnies du Midi n'a jamais soulevé ici cette difficulté.

Coulet, avocat agréé, Toulouse.

Nous assignons la Compagnie du Midi à la gare à un jour franc, sans augmentation de délais à raison des distances..

Broquière, avocat, Toulouse.

Du moment où vous avez le droit d'assigner la Compagnie du Midi devant votre tribunal de commerce, il n'y a pas obligation d'accorder des délais de distance avec Paris...

Bonnet, avocat, Cette.

Devant le tribunal de Marseille, la Compagnie P. L. M. est assignée à un jour franc.... M. le président a reçu votre lettre et a pris communication de ma réponse...

Le greffier du Tribunal de commerce de Marseille.

Nous citons la Compagnie P. L. M. en la personne de son chef de gare ou du directeur de l'exploitation, toujours à un jour franc, sans observation du délai des distances avec Paris...

Jean Peyroutet, syndic des huissiers Marseille.

Nous assignons toujours la Compagnie P. L. M. à un jour franc et nous n'observons pas le délai des distances avec Paris...

Arnaud, huissier, Marseille.

À Lyon nous n'observons pas les délais des distances...

Reynier, syndic des huissiers, Lyon.

Une compagnie est valablement assignée en la personne des chefs de ses gares importantes ; on ne doit pas, pour le règlement des délais, supputer la distance de ces gares au lieu du siège social...

Jules Duchamp, avocat agréé. Lyon.

M. le Président me charge de vous répondre : nous n'assignons jamais les Compagnies au siège social et nous n'avons par conséquent, pas à observer les délais des distances...

Chapot, avocat agréé, Lyon.

J'ai toujours assigné la Compagnie de l'Ouest en la personne de son chef de gare à Rennes, à un jour franc, et jamais elle n'a opposé la non observation des délais ..

Huet, syndic des huissiers, Rennes.

M. le Président me prie de vous faire savoir qu'ordinairement les Compagnies de chemins de fer sont assignées à Rouen en la personne de leurs chefs de gare sans observation de délais de distances...

Le greffier en chef du tribunal de commerce de Rouen.

Il n'a jamais été mis en question à Caen que le chef de gare peut être assigné à un jour franc et c'est toujours ainsi que l'on a procédé devant notre tribunal...

G. Tapper, président du tribunal de commerce de Caen.

S'il est vrai que les Compagnies dont le siège est à Paris ne peuvent invoquer de délais de distances quand elles sont assignées en la personne de leurs chefs de gare. À Angers il est d'usage de leur accorder un délai suffisant pour instruire les affaires...

Le greffier du tribunal de commerce d'Angers.

www.ingramcontent.com/pod-product-compliance
Lightning Source LLC
Chambersburg PA
CBHW070747280326
41934CB00011B/2823